BEI GRIN MACHT SICH IHR
WISSEN BEZAHLT

Bibliografische Information der Deutschen Nationalbibliothek:

Die Deutsche Bibliothek verzeichnet diese Publikation in der Deutschen National-
bibliografie; detaillierte bibliografische Daten sind im Internet über http://dnb.d-
nb.de/ abrufbar.

Impressum:

Copyright © 2002 GRIN Verlag, Open Publishing GmbH
Druck und Bindung: Books on Demand GmbH, Norderstedt Germany
ISBN: 9783640858903

Dieses Buch bei GRIN:

http://www.grin.com/de/e-book/5967/baumwolle-historie-eigenschaften-und-ver-
arbeitung

Ole Möhlmann

Baumwolle - Historie, Eigenschaften und Verarbeitung

GRIN Verlag

GRIN - Your knowledge has value

Der GRIN Verlag publiziert seit 1998 wissenschaftliche Arbeiten von Studenten, Hochschullehrern und anderen Akademikern als eBook und gedrucktes Buch. Die Verlagswebsite www.grin.com ist die ideale Plattform zur Veröffentlichung von Hausarbeiten, Abschlussarbeiten, wissenschaftlichen Aufsätzen, Dissertationen und Fachbüchern.

Besuchen Sie uns im Internet:

http://www.grin.com/

http://www.facebook.com/grincom

http://www.twitter.com/grin_com

BAUMWOLLE

GLIEDERUNG   SEITE

1. DIE DEFINITION NACH DEM TEXTILKENNZEICHNUNGSGESETZ

Nach dem Textilkennzeichnungsgesetz besteht Baumwolle ausschließlich aus Fasern aus dem Samen der Baumwollpflanze (Gossypium herbaceum).

2. ALLGEMEINES & ANBAULÄNDER

Baumwolle ist eine pflanzliche Naturfaser und einer der bedeutendsten Textilrohstoffe der Welt. Er nimmt einen Anteil von 50-60% an der gesamten Textilproduktion ein. Die Baumwollpflanze wächst in den tropischen bis subtropischen Gebieten der Erde (Baumwollgürtel der Erde). Die Hauptanbauländer sind die USA, Indien, Ägypten, China, Russland, Pakistan, Brasilien, Türkei und Argentinien. Wilde Baumwolle kann man in Afrika, Asien, Australien & Amerika finden.

Die Kapselfrüchte der Pflanze platzen auf und es quellen weiße bis gelbliche Samenhaare der Baumwollfrucht heraus. Die Samenhaare werden später zu Baumwollgarn versponnen. Neben den verspinnbaren Samenhaaren (bis zu 5cm lang) gibt es außerdem noch wenige Millimeter lange Haare an den Samen, die so genannten Linters. Diese sind nicht verspinnbar und werden für die Herstellung von Watte, Zellstoff, Papier, o. Ä. verarbeitet.

3. DAS INTERNATIONALE BAUMWOLLZEICHEN & KURZZEICHEN

Baumwolle
Abb. 1

Dies ist das internationale Baumwollzeichen. Es ist gesetzlich geschützt und gibt dem Verbraucher Sicherheit im Bereich „reine Baumwolle" und hoher Qualität. Aus diesem Grund darf das internationale Baumwollzeichen nicht eingesetzt werden, wenn Baumwolle mit anderen Fasern gemischt wird. Das Kurzeichen für Baumwolle ist CO (vom englischen Wort: Cotton).

4. DIE HISTORIE

Die älteste Baumwollkultur wurde in Indien für das 3. Jahrtausend vor Chr. nachgewiesen. Von Indien aus gelangte die Baumwolle nach China. Gleichzeitig wurde Baumwolle auch von den Inkas in Mittelamerika angebaut. Im 8.-10. Jahrhundert führten die Araber die Kultur der Baumwolle von Persien aus in Nord-Afrika, Sizilien und Süd-Spanien ein.

In Deutschland hielt Baumwolle erst im 14. Jahrhundert n. Chr. Einzug. Die allgemein vorherrschende Faser Leinen bekam durch die Baumwolle eine ernsthafte Konkurrenz und so wurde Leinen später durch die Baumwolle von Platz 1 der verwendeten Faserstoffe verdrängt. Vor der Erfindung der Egreniermaschine (1792) mussten Baumwollfasern noch von Hand von den Samen getrennt werden.

Das verursachte einen sehr hohen Preis und brachte Baumwolle in die Preisklasse von Seide. Im Zuge der Industrialisierung wurde Baumwolle durch die Preissenkung der Massenproduktion zur Faser für das Volk.

5. DIE INNERE STRUKTUR DER BAUMWOLLFASER

Baumwolle besteht wie alle pflanzlichen Fasern aus Zellulose mit dem Grundstoff Kohlenstoff. Der Zellulose-Anteil beträgt etwa 80-90%.

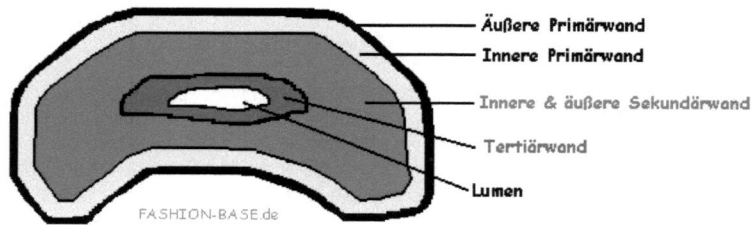

Schema: Innere Schichten der Baumwollfaser [Querschnitt]

Äußere Primärwand
Innere Primärwand
Innere & äußere Sekundärwand
Tertiärwand
Lumen

FASHION-BASE.de

Abb. 2: Innere Schichten der Baumwolle

5.1. DIE INNEREN SCHICHTEN DER BAUMWOLLE

Äußere Primärwand:
Erfüllt eine Schutzfunktion & ist Wasser abweisend durch Wachs & Fett. Sie besteht zusätzlich aus Halbzellulose & Pektinen.

Innere Primärwand:
Zusammengesetzt aus Zellulose mit niedrigem DP-Grad. Lockere Struktur - Hier wird Feuchtigkeit aufgenommen.

Innere & äußere Sekundärwand:
Besteht aus fast reiner Zellulose mit hohem DP-Grad. Erfüllt die Stabilitätsfunktion.

Tertiärwand:
Hier findet man wenig Zellulose und viel Verunreinigungen. Dient als "Filter" der Faser.

Lumen:
Innerer Hohlraum der Faser, normalerweise mit Luft gefüllt. Bei einer Überschwemmung der inneren Primärwand kann auch im Lumen Wasser gespeichert werden. Während des Wachstums dient das Lumen als "Speiseröhre" der Faser. Auch verantwortlich für die Weichheit & Schmiegsamkeit.

6. VERSCHIEDENE QUERSCHNITTE

Je nach Eigenschaften bzw. Ausrüstung der (toten, unreifen, reifen bzw. merzerisierten) Baumwolle verändert sich der Querschnitt (hier in den Abbildungen zu sehen.)

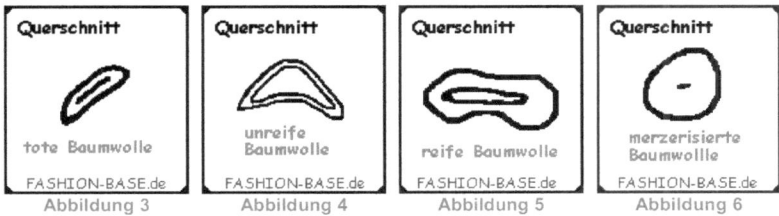

| Abbildung 3 | Abbildung 4 | Abbildung 5 | Abbildung 6 |

6.1 Tote Baumwolle

Tote Baumwolle ist im Querschnitt sehr schmal und hat eine äußerst dünne Tertiärwand (fast nicht vorhanden). Farbstoffe, die normalerweise bei Zellulosefasern zum Einsatz kommen, sind bei toter Baumwolle nicht anwendbar, da diese Farbstoffe von den Fasern nicht aufgenommen werden. Die Fasern haben knickartige Faltungen und neigen zur Knötchenbildung.

6.2 Unreife Baumwolle

Unreife Baumwolle hat eine dünne Außenschicht (äußere Primärwand) und ein großes Lumen. Die Sekundärwand ist bei unreifer Baumwolle wenig ausgeprägt (0,5 - 3µm). Es ist ein Zwischenstadium zwischen toter und reifer Baumwolle.

6.3 Reife Baumwolle

Reife Baumwolle verfügt über einen nierenförmigen Querschnitt (teilweise auch als bohnenförmig bezeichnet). Die Faser verfügt über korkenzieherartige Windungen. Hierdurch ergibt sich eine gute Verspinnbarkeit. Die Sekundärwand ist gut ausgebildet (3 bis 8µm).

6.4 Merzerisierte Baumwolle

Der Querschnitt von merzerisierter Baumwolle ist kreisrund. Das Lumen ist klein. Diese Baumwolle ist glatt und glänzend. Merzerisierte Baumwolle hat eine hohe Festigkeit und lässt sich besser färben als normale Baumwolle. Die Feuchtigkeitsaufnahme ist bei merzerisierter Baumwolle schlechter als bei normaler Baumwolle.

7. DIE BAUMWOLLPFLANZE

Abb. 7: Baumwollpflanze

Die Baumwollpflanze (Gossypium herbaceum) gehört zur Gattung der Malvengewächse. Der Baumwollstrauch wird bis zu 6m hoch, ist aber im Durchschnitt eher 2m groß und weist viele Verzweigungen auf. Baumwolle blüht meist in weiß, gelb bis rosa. Die angebauten Sorten unterscheiden sich durch Ausbildung langer Samenhaare von den Wildarten.

Baumwollpflanzen mögen am liebsten feucht-warmes [subtropisches] Klima und kalkige Sandböden.

Die großen wechselständigen Blätter der Baumwolle sind lappig und haben feine, dünne Härchen. Die Durchschnittstemperatur im Anbaugebiet sollte während des Wachstums nicht unter 15°C liegen, damit die Baumwolle gut gedeihen kann. Besser sind Temperaturen, die deutlich darüber liegen.

Abb. 7a: Aufgeplatzte Baumwollkapseln mit Baumwollfasern

Nach dem Verblühen der Pflanze bildet sich im Blütenursprung eine Kapsel, in der die Samen der Baumwolle mit den dazugehörigen Samenhaaren heranwachsen. Die Kapsel platzt auf und die Samen mit den Samenhaaren (der Baumwolle) quellen heraus. An einem Samenkorn hängen zwischen 2000-7000 Fasern.

Die Ernte erstreckt sich über einen relativ langen Zeitraum von 80-100 Tagen hinweg. Je nach Art der Ernte wird die Qualität der Baumwolle beeinflusst.

Bei der Handernte wird nur die reife Baumwolle gepflückt. So gelangen keine toten oder unreifen Baumwollfasern in den Erntesack, die später z.B. zu einer schlechteren Farbaufnahme führen können. Diesen Unterschied können die großen Erntemaschinen, die Ähnlichkeit mit Mähdreschern haben, nicht erkennen. Außerdem werden bei der Maschinenernte auch kleine und verdorrte Blätter sowie Teile von den Samenkapseln erfasst. Somit ist die Baumwollernte der Handpflücker auch die qualitativ hochwertigere und teurere. [Vgl. ⇨ 14. Die negativen Aspekte der Baumwolle]

Abb 8: Entstehende Baumwollblüte

8. EIGENSCHAFTEN

8.1 Feuchtigkeitsaufnahme

Baumwolle kann bis zu 20% des Eigengewichts an Feuchtigkeit aufnehmen, ohne sich nass anzufühlen. Die Feuchtigkeitsaufnahme findet in der inneren Primärwand und in einem Hohlraum in der Faser statt, dem so genannten "Lumen". Bei Normalklima beträgt die Feuchtigkeitsaufnahme allerdings 7-10% des Eigengewichts.

Baumwolle hat eine geringe Trocknungsgeschwindigkeit. Kommt Feuchtigkeit in das Lumen und/oder in die innere Primärwand, werden die äußeren Schichten der Baumwolle gegeneinander gepresst und somit erhöht sich die Reißfestigkeit der Baumwolle im nassen Zustand. Den Beweis liefert der Reißtest mit einem Baumwollfaden, der an einer Stelle befeuchtet wird. Dieser Faden wird nie an einer nassen Stelle reißen.

8.2 Farbe

Die Naturfarbe von Baumwolle ist creme, etwas bräunlich. Baumwolle lässt sich allerdings gut bleichen und färben. Dabei können verschiedene Farbstoffe, wie z.B. basische, substantive und saure Farbstoffe sowie Beizen- & Küpenfarbstoffe verwendet werden.

8.3 Länge

Baumwolle hat sehr unterschiedliche Längen, die durch den Begriff „Stapel" bzw. „Stapellänge" bezeichnet werden. Je länger eine Faser, desto weicher und feiner ist sie. Bauwolle kann zwischen 10 – 54mm lang sein.

Hierbei wird zwischen kurz-, mittel-, & langstapeliger Baumwolle unterschieden:

kurzstapelige Baumwolle	bis 20mm
mittelstapelige Baumwolle	20 – 35mm
langstapelige Baumwolle	ab 36mm

8.4 Festigkeit

Die innere Struktur von Baumwolle sorgt für eine hohe Reißfestigkeit (15-50 Rkm) & Zugfestigkeit (1,5 – 5,0 cn/dtex). Die gute Scheuerfestigkeit wird durch die relativ glatte Oberfläche der Fasern begründet und gehört zu den höchsten unter den Naturfaserstoffen.

Wenn die Baumwollfasern mit Wasser in Berührung kommen, dann werden die inneren Schichten zusammengepresst. Dadurch erhöht sich die Festigkeit der Baumwolle im nassen Zustand (Nassfestigkeit) auf 110% im Vergleich zum trockenen Zustand (100%).

8.5 Elastizität

Durch die geringe Elastizität der Baumwollfaser ergibt sich die hohe Affinität zum Knittern. Wird die Faser verknickt, so kann sie aus eigener Kraft schlecht wieder in den Ursprungszustand kommen.

8.6 Dehnung

Die Dehnung beträgt trocken bei Normalklima 6-10%.

8.7 Feinheit

Baumwollfasern sind zwischen 12-18 Mikron dick. Mit der Länge der Fasern erhöht sich i.d.R. die Feinheit.

8.8 Wärmehaltung / Wärmeleitung

Die Wärmehaltung einer Faser entsteht durch einen isolierenden Lufteinschluss. Dieser ist bei der Baumwollfaser kaum vorhanden und somit sorgt Baumwolle nur für eine geringe Wärmehaltung. (Vgl. Ausrüstung ⇨ 16.4 Rauen)

Die Wärmeleitung ist von der textilen Fläche abhängig, die mit Baumwolle hergestellt wird. Hier kommt es auf die Dichte der Fäden an.

8.9 Reinheit

Beim Erntevorgang werden u.a. auch Pflanzenteile, Staub & Insekten mitgeerntet. Teile davon können sich auch im Enderzeugnis befinden. Je höher die Reinheit (je mehr Aufwand bei der Reinigung betrieben wurde), desto höher ist der Preis.

8.10 Glanz

Der Glanz der Baumwollfaser wird durch die Oberfläche bestimmt. Je glatter die Oberfläche, desto höher ist der Glanz. Durch die korkenzieherartigen Windungen ist der Glanz nur mittelmäßig. (Vgl. Ausrüstung ⇨ 16.2 Merzerisieren).

8.11 Hitzebeständigkeit

Baumwolle hält Temperaturen von 180-200 Grad (z.b. beim Bügeln) aus. Allerdings sollte es keine andauernde große Hitzeeinwirkung geben, da es sonst leicht zu gelblichen Flecken und zu Zerstörungen der Faserstruktur kommen kann.

8.12 Chemikalieneinwirkung

Baumwolle ist gegenüber Laugen (z.B. Waschlaugen) unempfindlich, wogegen Säuren Baumwollfasern sehr stark angreifen (vgl. Wolle).

8.13 Elektrostatische Aufladung

Pflanzliche Naturfasern, wie Baumwolle, haben eine recht geringe elektrostatische Aufladung, weil sie immer etwas Feuchtigkeit enthalten, die die Spannung ableitet.

8.14 Baumwolle in Zahlen

Länge	10 – 54 mm
Durchmesser	16 – 22 µm
Reißfestigkeit	15-50 Rkm
Dehnung	7-11%
Nassfestigkeit	102-107% der Trockenfestigkeit
Dichte	1,55 g/cm^3
Feinheit	1-4 dtex

9. VERARBEITUNG VON BAUMWOLLE

Nach der Ernte der Baumwolle wird diese zum Nachreifen und Trocknen entweder durch einen warmen Luftstrom oder durch Lagerung bei geringer Luftfeuchtigkeit gelagert bzw. getrocknet.

Die Samenfasern müssen von den Samen der Baumwolle getrennt werden. Dies geschieht beim Vorgang Entkörnen (auch Egrenieren genannt). Während die Fasern als Baumwolle weiterverarbeitet werden, dienen die Samen zur Ölproduktion.

Aus 100 kg geernteter Baumwolle kann man ca. 35 kg reine Fasern gewinnen. Der Rest besteht aus Blättern, Samen, Kapsel- & Stängelteilen sowie aus sonstigem Abfall.

10. VERWENDUNG

Baumwolle wird in Textilien sowohl rein als auch in Mischungen verwandt. Typische Einsatzgebiete liegen z.B. in T-Shirts, Hemden, Bettwäsche, etc. Häufige Mischungen gibt es mit Viskose und Leinen. In der Bekleidung wird Baumwolle häufig bei Blusen, Unterwäsche, Hemden, Jeans, Hosen und Berufs- & Freizeitbekleidung eingesetzt. Im Bereich der Heimtextilien findet man Baumwolle in Tüchern, Bettwäsche, Tischwäsche, Möbelstoffen, Dekorationsstoffen u.a..

11. BAUMWOLLSORTEN

Baumwollsorten werden nach den drei größten Anbaugebieten eingeteilt.
- USA Baumwolle
- Indische Baumwolle
- Ägyptische Baumwolle

Kommt Baumwolle aus einem anderen Land, dann erfolgt die Einteilung in eine dieser drei Sorten.

12. BAUMWOLL – HANDELSARTEN

Die hochwertigste Baumwollart ist "Sea - Island" und kommt aus den USA. Die Fasern dieser Baumwolle können bis zu 56mm lang werden. Eine weitere hochwertige Baumwolle ist die Mako-Baumwolle (~ 40mm) aus Ägypten. Upland - Baumwolle (~ 30mm) ist eine durchschnittliche Baumwolle. Je länger die Baumwollfaser, desto weicher und feiner ist sie. Der Vorteil von Baumwolle mit kurzen Fasern ist die schnellere Feuchtigkeitsaufnahme, da mehr Faserenden abstehen.

13. DIE SPINNVERFAHREN

Baumwolle wird hauptsächlich im Dreizylinderspinnverfahren oder im Rotorspinnverfahren verarbeitet.

13.1 Das Dreizylinderspinnverfahren

Mit dem Dreizylinderspinnverfahren werden (Baumwoll-) Garne von mittlerer bis großer Feinheit hergestellt (vgl. Zweizylindergarne). Hierbei kommt es zu einer Streckung und Kardierung (Reinigung, Parallelisierung und Formung eines Faserbandes, der sog. „Karde").

13.2 Das Rotorspinnverfahren

Beim Rotorspinnverfahren werden die (Baumwoll-) Fasern durch einen Luftstrom in einen Rotor gezogen, der durch die Fliehkraft aus den Fasern einen Faden erzeugt. Dabei kommt es zu einer automatischen Verbindung der einfliegenden Fasern mit dem Fadenende. Deshalb gilt das Rotorspinnverfahren (Roto Spin) als „Open End Verfahren". Die Länge des Fadens ist theoretisch unbegrenzt.

14. DIE NEGATIVEN ASPEKTE DER BAUMWOLLE

Da Baumwolle schon lange eine der wichtigsten textilen Fasern darstellte, waren damit enorme ökonomische Interessen verbunden, unter denen leider viele Menschen leiden mussten. So wurden vor allem in den Vereinigten Staaten Sklaven als kostenlose Arbeitskräfte zur Baumwollernte eingesetzt. Diese mussten tagtäglich auf den Baumwollplantagen in den Südstaaten wie z.B. South Carolina oder Virginia schuften.

Heute kommt es leider immer noch vor, dass die Baumwolle von Arbeitern (vor allem in der dritten Welt) große Opfer fordert. So hängt die Qualität der Baumwolle vom Anteil der reifen Baumwollkapseln ab, die geerntet werden. Bei einer Maschinenernte kann somit keine sehr gute Qualität erzielt werden. Aus diesem Grund werden heute immer noch Menschen zur Handernte eingesetzt. Nur zu oft ernten diese Menschen die Baumwolle ohne Schutzhandschuhe, so dass Ihr Hände und Finger den Pestiziden (Pflanzenschutzmitteln, die u.a. zu Verkrüppelungen führen) in der Baumwolle schutzlos ausgeliefert sind. Dies ist um so tragischer, wenn man bedenkt, dass in vielen Baumwollfeldern auch Kinderarbeit an der Tagesordnung ist.
In der Region um den Aralsee trägt der Baumwollanbau, der dort großflächig betrieben wird, zu einem großen Teil zur Austrocknung des Aralsees bei.

15. BEISPIELE FÜR BAUMWOLLSTOFFE:

Denim	Popeline	Frottier	Oxford
Batist	Doppelripp	Gabardine	Cord

16. AUSRÜSTUNGSVERFAHREN

16.1 Einlauf Schutz (Krumpfarm-Ausrüstung)

Beim Einlaufen kommt es zur einer Verkürzung der Länge der Faser zu Gunsten der Breite (oft durch starke Faserquellung unter Einfluss von Hitze & Feuchtigkeit). Um dies zu verhindern, werden z.B. Baumwollmaterialien schon einem Krumpfungsprozess unterzogen, bevor sie verkauft werden. Hierbei hat sich das geschützte Sanfor-Verfahren bewährt. Mit Sanfor behandelte Gewebe garantieren, dass die Ware später maximal 1% einläuft.

16.2 Merzerisieren

Beim Vorgang Merzerisieren werden Baumwollerzeugnisse mit konzentrierter, erwärmter Natronlauge behandelt. Die Baumwollfasern stehen dabei unter Spannung. Bei diesem Prozess verändert sich die innere Struktur und damit auch der Querschnitt der Baumwollfaser (vgl. Querschnitt reife & merzerisierte Baumwolle). Der Querschnitt wird rund und die korkenzieherartigen Windungen verschwinden.

Abbildung 5

Abbildung 6

Durch diese Veränderung erhöhen sich die Festigkeit und der Glanz des behandelten Produktes. Des weiteren verschlechtert sich die Feuchtigkeitsaufnahme. Merzerisierte Baumwolle lässt sich besser färben. Besonders häufig werden Poloshirts merzerisiert.

16.3 Pflegeleicht-Ausrüstung

Baumwolle hat aufgrund der geringen Elastizität eine hohe Knitterneigung. Deshalb werden manche Baumwollprodukte (z.B. Business Hemden oder Blusen) pflegeleicht ausgerüstet. Dies geschieht entweder durch ein „Kupfer – Ammoniak – Verfahren" oder durch die Einlagerung von Kunstharzen.

Als Resultat ergeben sich eine geringe Knitterneigung (leichteres Bügeln) und eine höhere Trocknungsgeschwindigkeit. Die negative Seite liegt in der geringen Feuchtigkeitsaufnahme bei Baumwollprodukten. Viele Personen fühlen sich in solchen Hemden nicht wohl, weil sie leichter darin schwitzen.

16.4 Rauen

Beim Rauen werden mit Metallhäkchen kleine Fäserchen aus textilen Flächen (z.B. Geweben) gezogen. Dadurch erreicht man einen wärmenden Lufteinschluss in den Fasern und damit auch eine größere wärmende Wirkung. Oft wird dieses Verfahren in den Innenseiten von Baumwollsweatshirts oder bei gewalkter Ware angewandt. Gerauhte Ware fühlt sich weich und flauschig an.

17. PFLEGE VON BAUMWOLLE

Bitte beachten Sie immer die Pflegehinweise des Herstellers. Generell lässt sich zur Pflege von Baumwolle Folgendes sagen:

17.1 Wäsche

Weiße Baumwolle: 95°C / Bunte Baumwolle: 60°C

17.2 Bügeln

Bei ca. 190°C bügeln (zwischen zwei & drei Punkten). Ware vorher einsprühen oder direkt nach dem Waschvorgang bügeln.

17.3 Reinigung

Allgemeine Lösungsmittel können verwendet werden, da Baumwolle nicht lösungsmittelempfindlich ist.

17.4 Trocknen

Unter normalen Umständen ist die Trocknerbehandlung möglich.

18. FASERERKENNUNG:

18.1 Brennprobe

Baumwolle ist leicht entzündbar und verbrennt schnell in einer leuchtenden Flamme. Die Faser glimmt nach und riecht nach verbranntem Papier. Es bleibt eine weißgraue Flugasche zurück.

18.2 Reißprobe

Nach dem Zerreißen (trocken) gibt es an den Enden kleine, kurze Faserenden (vgl. Leinen). Wenn man einen Baumwollfaden an einer Stelle nass macht, so wird dieser Faden nie an der nassen Stelle reißen, sondern immer an einer trockenen Stelle.

18.3 Löslichkeitsprobe

Baumwolle löst sich in Schwefelsäure auf. Natronlauge (z.B. Waschlauge) greift Baumwolle nicht an (vgl. Wolle).

19. HANDELSPLÄTZE

Die wichtigsten Handelsplätze für Baumwolle sind: New York, Canton, Le Havre, London und Glasgow. In Deutschland sind die Hafenstädte Hamburg und Bremen Umschlagsplätze.

20. ZUSAMMENFASSUNG

1. Die Definition nach dem Textilkennzeichnungsgesetz
⇨ Ausschließlich Fasern aus dem Samen der Baumwollpflanze

2. Allgemeines & Anbauländer
⇨ Einer der bedeutendsten Textilrohstoffe der Welt
⇨ 50 – 60% Anteil an der Weltfaserproduktion
⇨ Pflanze wächst im tropischen bis subtropischen Klima
⇨ Hauptanbauländer
    ⇨ USA, Indien, Ägypten, China, Russland und Pakistan
⇨ Samenkapseln der Baumwollpflanze platzen auf und die Samenhaare (die späteren Baumwollfasern) quellen heraus.
⇨ Nicht verspinnbare, sehr kurze Fasern heißen Linters.

3. Das internationale Baumwollzeichen & Kurzzeichen
⇨ ist gesetzlich geschützt
⇨ sorgt für Verbrauchersicherheit
⇨ steht für „reine Baumwolle" von hoher Qualität
⇨ Kurzzeichen: CO

4. Geschichte
⇨ Eine der ältesten Naturfasern
⇨ Früh von Inkas, Indern und Arabern genutzt.
⇨ Baumwolle spielte in Europa bis ins Mittelalter eine sehr geringe Rolle.
⇨ Einführung in Deutschland im 14. Jahrhundert.
⇨ Vor der Erfindung der Egreniermaschine galt Baumwolle als Luxusfaser

5. Die innere Struktur der Baumwollfaser
⇨ Baumwolle besteht zu 80-90% aus Zellulose
⇨ Innere Struktur wird durch verschiede Schichten geprägt
    ⇨ Äußere Primärwand (Schutzfunktion)
    ⇨ Innere Primärwand (Aufnahme von Feuchtigkeit)
    ⇨ Innere & äußere Sekundärwand (Stabilitätsfunktion)
    ⇨ Tertiärwand (Filter der Faser, viel Verunreinigungen)
    ⇨ Lumen (innerer Hohlraum, für Weichheit und Feuchtigkeitsaufnahme zuständig.

6. Verschiedene Querschnitte
⇨ Tote Baumwolle (sehr schmal, schwer färbbar, knickartige Faltungen)
⇨ Unreife Baumwolle (dünne Außenschicht, großes Lumen, dünne Sekundärwand)
⇨ Reife Baumwolle (nierenförmiger Querschnitt, korkenzieherartige Windungen, gut verspinnbar, dicke Sekundärwand)
⇨ Merzerisierte Baumwolle (runder Querschnitt, hoher Glanz, kleines Lumen, hohe Festigkeit, sehr gut färbbar, geringere Feuchtigkeitsaufnahme)

7. Die Baumwollpflanze
⇨ Baumwollpflanze gehört zur Gattung der Malvengewächse
⇨ normale Baumwollsträucher sind ca. 2m groß
⇨ blüht weiß, gelb bis rosa
⇨ mag tropisches bis subtropisches Klima
⇨ Bildet eine Kapsel mit Samenhaaren, den Baumwollfasern
⇨ Die Ernte erfolgt von Hand oder durch Maschinen
⇨ Handernte bringt eine bessere Qualität hervor, da nur reife Fasern gepflückt werden.

8. Eigenschaften
⇨ Feuchtigkeitsaufnahme
  ⇨ nimmt bis zu 20% des Eigengewichts auf, ohne sich nass anzufühlen,
  ⇨ trocknet langsam
⇨ Farbe
  ⇨ creme, bräunlich
  ⇨ gut zu bleichen und zu färben
⇨ Länge
  ⇨ Stapellänge beträgt zwischen 10-54mm
  ⇨ es wird zwischen kurz-, mittel- & langstapeliger Baumwolle unterschieden.
⇨ Festigkeit
  ⇨ hohe Reißfestigkeit (15-50 Rkm)
  ⇨ hohe Scheuerfestigkeit
  ⇨ Nassfestigkeit höher als Trockenfestigkeit
⇨ Elastizität
  ⇨ geringe Elastizität
  ⇨ neigt zum Knittern
⇨ Dehnung
  ⇨ bei Normalklima zwischen 6 und 10%.
⇨ Feinheit
  ⇨ zwischen 12-18 Mikron
  ⇨ Feinheit steigt i.d.R. mit der Länge der Faser
⇨ Wärmehaltung / Wärmeleitung
  ⇨ Faser schließt von sich aus wenig Luft ein ➜ geringe Wärmehaltung
  ⇨ Wärmeleitung ist abhängig von der textilen Fläche
⇨ Reinheit

⇨ Abhängig vom Aufwand bei der Reinigung
⇨ oft durch Pflanzenteile, Staub und Insekten verschmutzt
⇨ Glanz
  ⇨ mittlerer Glanz
  ⇨ wird oft durch die Ausrüstung „Merzerisieren" erhöht
⇨ Hitzebeständigkeit
  ⇨ erträgt (kurze) Hitzeeinwirkungen von 180 – 200°C
⇨ Chemikalieneinwirkung
  ⇨ Unempfindlich gegenüber Laugen
  ⇨ Wird von Säuren schnell zerstört
⇨ Elektrostatische Aufladung
  ⇨ geringe elektrostatische Aufladung
⇨ Baumwolle in Zahlen
  ⇨ Länge: 10 – 54 mm
  ⇨ Durchmesser: 16 – 22 µm
  ⇨ Reißfestigkeit: 15-50 Rkm
  ⇨ Nassfestigkeit: 102 – 107% der Trockenfestigkeit
  ⇨ Feinheit: 1-4 dtex
  ⇨ Dichte: 1,55 g/cm^3
  ⇨ Dehnung: 10 – 54 mm

9. Verarbeitung von Baumwolle
⇨ 1. Ernte
⇨ 2. Nachreifen & Trocknen
⇨ 3. Egrenieren (Entkörnen) / Baumwollsamen werden zur Ölproduktion genutzt
⇨ 100 kg geerntete Baumwolle ergeben ca. 35 kg reine Fasern.

10. Verwendung
⇨ Rein & in Fasermischungen
⇨ Bekleidung: Oberbekleidung (z.B. T-Shirts, Jeans, Hemden, ...),
  Unterbekleidung (z.B. Slips, BHs, Dessous, ...)
⇨ Haustextilien (z.B. Tischwäsche, Bettwäsche, Geschirrtücher, Möbelstoffe, ...)

11. Baumwollsorten
⇨ USA Baumwolle
⇨ Indische Baumwolle
⇨ Ägyptische Baumwolle

12. Baumwoll – Handelsarten
⇨ Sea Island (sehr hochwertig, hohe Stapellänge, äußerst fein)
⇨ Mako Baumwolle (aus Ägypten, hochwertig)
⇨ Upland Baumwolle (normale bis geringe Qualität)

13. Die Spinnverfahren
⇨ Das Dreizylinderspinnverfahren
  ⇨ Herstellung von Baumwollgarnen mittlerer bis großer Feinheit
  ⇨ Streckung und Kardierung
⇨ Das Rotorspinnverfahren
  ⇨ Fasern werden durch Luftstrom in einen Rotor eingezogen
  ⇨ Open End Verfahren (theoretisch unendlich)

14. Die negative Seite der Baumwolle
⇨ Früher wurde die Baumwollarbeit von Sklaven in den USA erledigt
⇨ häufige Kinderarbeit in Verbindung mit Baumwolle in der 3. Welt
⇨ Verkrüppelungen durch den Kontakt mit Pestiziden (Pflanzenschutzmitteln)
⇨ Beitrag zur Austrocknung durch große Plantagen um den Aralsee

15. Beispiele für Baumwollstoffe
⇨ Oxford, Feinripp, Denim, Frottier, Popeline, Biber

16. Ausrüstungsverfahren
⇨ Einlauf Schutz (Krumpfarm-Ausrüstung)
  ⇨ Ware wird vor dem Verkauf einem Krumpfungsprozess unterzogen
  ⇨ Bekanntes und geschütztes Verfahren: Sanfor
⇨ Merzerisieren
  ⇨ Behandlung der Fasern mit warmer Natronlauge
  ⇨ Veränderung des Querschnittes von bohnenförmig in rund.
  ⇨ Höherer Glanz
  ⇨ Bessere Farbaufnahme
  ⇨ geringe Feuchtigkeitsaufnahme
⇨ Pflegeleicht-Ausrüstung
  ⇨ Einlagerung von Kunstharzen oder Kupfer – Ammoniak – Verfahren
  ⇨ geringe Knitterneigung, höhere Trocknungsgeschwindigkeit
  ⇨ weniger Feuchtigkeitsaufnahme
⇨ Rauen
  ⇨ Kleine Fäserchen werden aus der Oberfläche gezogen
  ⇨ es entsteht eine flauschige, weiche textile Fläche mit hohem Lufteinschluss
  ⇨ hohe wärmende Wirkung

17. Pflege von Baumwolle
⇨ Immer die Angaben des Hersteller beachten!
⇨ Wäsche:
  ⇨ weiße Baumwolle: bis 95°C
  ⇨ bunte Baumwolle: 60°C
⇨ Bügeln
  ⇨ zwischen zwei und drei Punkten
  ⇨ vorher einsprühen oder direkt aus der Waschmaschine bügeln
⇨ Reinigung
  ⇨ Allgemeine Lösungsmittel sind verwendbar

⇨ Trocknen
  ⇨ Trocknung im Trockner möglich

18. Fasererkennung
⇨ Brennprobe
  ⇨ leicht entzündbar
  ⇨ verbrennt schnell in leuchtender Flamme
  ⇨ Faser glimmt nach
  ⇨ riecht nach verbranntem Papier
  ⇨ Rückstand: weißgraue Flugasche
⇨ Reißprobe
  ⇨ kleine kurze Faserenden an der Reißstelle
  ⇨ Baumwollfaden reißt eher an einer nassen als an einer trockenen Stelle
⇨ Löslichkeitsprobe
  ⇨ löst sich in Schwefelsäure auf
  ⇨ Natronlauge hat kaum einen Effekt auf Baumwolle

19. Handelsplätze
⇨ International: New York, Canton, Le Havre, London & Glasgow
⇨ Deutschland: Hamburg & Bremen

21. LERNZIELKONTROLLE

21.1 Fragen

a) Wie lautet der lateinische Name von Baumwolle

b) Welches Klima bietet Baumwolle die besten Wachstumsbedingungen?

c) Was ist der Baumwollgürtel der Erde?

d) Nennen Sie mindestens drei Länder, in denen Baumwolle angebaut wird.

e) Wofür steht das internationale Baumwollzeichen?

f) Wie lautet das Kurzzeichen für Baumwolle?

g) Welche war im Mittelalter vor der Einführung von Baumwolle die am meisten gebrauchte Faser?

h) Wie heißt die Maschine, mit der die Samenkörner der Baumwolle von den Fasern getrennt werden?

i) Nennen Sie mind. vier Schichten aus dem Aufbau der Baumwollfaser.

j) Was ist das Lumen und welche Funktion erfüllt es.

k) Mit welchen Zielen wird Baumwolle merzerisiert und wie verändert sich der Querschnitt?

l) Welcher Qualitätsunterschied ergibt sich aus der Maschinen- bzw. der Handernte von Baumwolle?

m) Wie viel Prozent des Eigengewichts kann Baumwolle an Feuchtigkeit aufnehmen, ohne sich nass anzufühlen?

n) Welche Farbe hat Baumwolle von Natur aus?

o) Welcher Begriff beschreibt die Länge von Bauwollfasern?

p) In welchem „Korridor" bewegt sich die Länge von Baumwollfasern?

q) Beurteilen Sie die Festigkeit von Baumwolle.

r) Warum knittert Baumwolle so leicht?

s) Warum lädt sich Baumwolle kaum elektrostatisch auf?

t) Nennen Sie mind. vier Kleidungsstücke, bei denen Baumwolle häufig verwendet wird.

u) Nennen Sie die drei wichtigsten Handelsarten von Baumwolle.

v) Mit welchen Spinnverfahren werden Baumwollfasern i.d.R. verarbeitet?

w) Beschreiben Sie negative Aspekte von Baumwolle.

x) Nennen Sie drei Baumwollstoffe.

y) Was geschieht mit welchem Ziel bei der Ausrüstung „Rauen"?

z) Nennen Sie die Haupthandelsplätze von Baumwolle in Deutschland.

21.2 Antworten

a) Gossypium herbaceum

b) tropisches – subtropisches Klima (feucht und warm)

c) Der Baumwollgürtel liegt um den Äquator. Hier herrscht „Baumwollklima".

d) z.B. USA, Indien, Ägypten, China, Russland, Pakistan, Türkei, ...

e) Das Zeichen steht für reine Baumwolle von hoher Qualität

f) CO

g) Leinen

h) Egreniermaschine (Entkörnungsmaschine)

i) z.B. Äußere Primärwand, Innere Primärwand, Innere & äußere Primärwand, Tertiärwand, Lumen.

j) Das Lumen ist ein Hohlraum im Inneren der Faser. Es ist für die Weichheit und Schmiegsamkeit der Faser und neben der inneren Primärwand auch für die Feuchtigkeitsaufnahme verantwortlich.

k) Mit dem Ziel den Glanz und die Farbaufnahme zu erhöhen. Der Querschnitt wird rund.

l) Bei der Handernte werden nur reife Baumwollfasern und wenig Pflanzenteile geerntet. Dadurch wird durch die Handernte eine höhere Qualität erzielt. Maschinen dagegen sind zwar billiger im Einsatz, doch werden damit auch tote und unreife Fasern geerntet, die die Gesamtqualität mindern. Außerdem gelangen viele tote Blätter und lose Pflanzenteile mit in die Ernte.

m) bis zu 20%.

n) Baumwolle ist von Natur aus weiß, cremefarben bis bräunlich.

o) Stapel oder Stapellänge

p) Zwischen 10mm – 54mm.

q) Baumwolle hat eine gute Festigkeit.

r) Die hohe Knitterneigung ergibt sich durch die geringe Elastizität der Baumwolle.

s) Die geringe elektrostatische Aufladung von Baumwolle ergibt sich durch die Feuchtigkeit, die sich fast immer in den Fasern befindet und die Spannung ableitet.

t) z.B. T-Shirt, Slip, Hemd, Bluse, Hose, Jeans, Socken, Unterhemd, ...

u) Sea Island, Mako und Upland

v) Dreizylinderspinnverfahren & Rotorspinnverfahren

w) Früher Sklavenarbeit, Kinderarbeit, Verkrüppelung durch Pestizide, Austrocknung des Aralsees.

x) Popeline, Oxford, Denim, Cord, Biber, Finette, Kattun, etc.

y) Die Fläche wird durch kleine Metallhäkchen aufgeraut. Weiche, flauschige Oberfläche mit höherer Wärmehaltung.

z) Hamburg und Bremen

22. Einordnung in die Gruppe der textilen Faserstoffe

NATURFASERN		CHEMIEFASERN	
PFLANZLICHE NATURFASERN	TIERISCHE NATURFASERN	CHEMIEFASERN AUS NATÜRLICHEN POLYMEREN	CHEMIEFASERN AUS SYNTHETET. POLYMEREN
Baumwolle (Samenfaser)	Wolle (Schurwolle)	Viskose	Polyester
Kapok (Samenfaser)	Seide	Cupro	Polyamid
Leinen (Bastfaser)	Kaschmir	Modal	Polyacryl
Hanf (Bastfaser)	Angora	Lyocell	Elastan
Jute (Bastfaser)	Kamel	Acetat	Polypropylen
Ramie (Bastfaser)	Mohair	Triacetat	Polyurethan
Sisal (Hartfaser)	Vikunja	Polynosic	
Kokos (Hartfaser)	Guanako		
Manila (Hartfaser)	Lama		
	Rosshaar		

23. Glossar

Baumwollgürtel der Erde	Gebiete um den Äquator, in denen ein tropisches bis subtropisches Klima herrscht. Dies sind ideale Bedingungen für den Anbau von Baumwolle.
DP - Grad	Durchschnittlicher Polymerisationsgrad – gibt die durchschnittliche Länge eines Polymers in einer Faser an. Je höher der DP – Grad, desto besser ist die Festigkeit der Faser.
Denim	Baumwollgewebe in Köperbindung, hauptsächlich für Jeansstoffe verwendet.
Egrenieren	Vorgang, bei dem die Fasern von den Baumwollsamen getrennt werden (Entkörnung). Dies erfolgt mit der Egreniermaschine.
Gossypium herbaceum	Lateinischer Name der Baumwollpflanze
Internationales Baumwollzeichen	Geschütztes Zeichen, das dem Verbraucher reine Baumwolle von hoher Qualität garantiert.
Krumpfen	(Gewolltes) Einlaufen von (Baumwoll-) Stoffen.
Kurzzeichen	Das Kurzzeichen von Baumwolle ist CO (vom englischen Wort Cotton)
Linters	sehr kurze und dünne Samenhaare, die nicht verspinnbar sind. Linters werden zur Produktion von Papier, Zellstoff, etc. verwendet.
Mako	Hochwertige Baumwolle aus Ägypten

Merzerisieren	Ausrüstung von Baumwollerzeugnissen. Durch eine Behandlung mit erwärmter Natronlauge unter Streckung der Fasern wird der Querschnitt rund. Die Folgen sind ein höherer Glanz, bessere Färbbarkeit, und geringere Feuchtigkeitsaufnahme.
Naßfestigkeit	Gibt die Festigkeit einer Faser im nassen Zustand an und wird in Prozent der Trockenfestigkeit definiert.
Polymer	Kettenartiges Makromolekül innerhalb einer Faser, das aus vielen Monomeren zusammengesetzt ist.
Reißkilometer (Rkm)	Maßeinheit für die Reißfestigkeit (Reißlänge) von Fasern bzw. Faserstoffen. Berechnung:

$$Rkm = \frac{Masse \times Nm}{1000}$$

Samenhaare	Die Früchte der Baumwolle, die Baumwollsamen sind mit vielen kleinen Fäserchen behaftet, den Baumwollfasern.
Schichten	Die inneren Schichten der Baumwolle von außen nach innen heißen: Äußere Primärwand, innere Primärwand, äußere & innere Sekundärwand, Tertiärwand, Lumen.
Sea Island	Hochwertige Baumwolle aus den USA. Sehr fein mit hoher Stapellänge.
Stapel / Stapellänge	Fachbegriff für die Länge von (Baumwoll-) Fasern. Baumwollfasern werden in kurz-, mittel- und langstapelige Fasern eingeordnet.
Textilkennzeichnungsgesetz	Gesetzliche Regelung für die Auszeichnung von textilen Produkten in Bezug auf die enthaltenen Faserstoffe.

Upland   Baumwolle von mittlerer bis geringer Qualität

24. ADRESSEN / FIRMEN:

Bremer Baumwollbörse Wachtstrasse 17-24 28195 Bremen Tel: 0421 – 339700 Fax: 0421 – 3397033 Email: info@baumwollboerse.de Web: www.baumwollboerse.de **Otto Stadtlander GmbH** Marcusallee 3 28359 Bremen Postfach 10 13 07 28013 Bremen Tel: 0421 – 20420 Fax: 0421 - 2042-200 E-Mail: info@osta-bremen.de Web: www.osta-bremen.de **Baumwolle aus Samen auf dem Fensterbrett ziehen** Blumensamen-Shop.de E-Mail: info@blumensamen-shop.de Web: http://www.blumensamen-shop.de/shop/baumwolle.htm	**Brecot** Baumwollhandelsagentur GmbH Baumwollbörse Zimmer 72 Wachtstr. 17 D-28195 Bremen Postfach 10 73 60 28073 Bremen Tel: 0421 - 36310-0 Fax: 0421 - 36310-11 E-Mail: brecot@baumwollboerse.de Web: www.brecot.de **Paul Reinhart AG** CH-8401 Winterthur, Switzerland Phone: ++41 – 52 - 264 81 81 Fax: ++41 – 52 - 212 00 55 Web: www.reinhart.com

25. LITERATURVERZEICHNIS:

Alfons Hofer
Textil- und Modelexikon
Frankfurt am Main
1988; 6.Auflage

Dieter C. Buurman
Lexikon der textilen Raumausstattung
Bad Salzuflen
1996, 2. völlig überarb. Auflage

Europa Lehrmittel (Hrsg.)
Fachwissen Bekleidung
Haan-Gruiten
1995, 4. Auflage

Claudia Wisniewski
Kleines Wörterbuch des Kostüms und der Mode
Stuttgart
1996

Dipl.-Ing.Päd. Frank Geringswald
Rohstofflehre 1
Nagold
SS 1998
Skriptum zum Unterricht an der
Lehranstalt des Deutschen Textileinzelhandels

Dipl.Ing.Päd. Frank Geringswald
Rohstofflehre 2
Nagold
WS 1998 / 99
Skriptum zum Unterricht an der
Lehranstalt des Deutschen Textileinzelhandels

26. ABBILDUNGSVERZEICHNIS: